심상시선 143

다나킬 사막 검은 숨

한 경 지음

心象

다나킬사막 검은 숨
시인의 말

 '다나킬 사막 검은 숨'은 길 위에서 나를 다시 만난 이야기 입니다. 사막의 바람은 내 오래된 허세를 벗기고, 익숙한 도시의 그림자를 지워내며 시간을 느리게 하였습니다. 고요한 호수와 먼 산 앞에서 나는 스스로에게 물었습니다. 무엇을 내려놓고 무엇을 품어야 하는가. 바람은 내게서 오래된 이름을 가져가고, 낙타의 눈동자와 사막의 숨은 저마다의 시간으로 나를 흔들었습니다. 낯선 길 위에서 잊었던 나를 다시 만났습니다. 풍경은 시가 되었고, 시는 다시 길이 되었습니다. 이 책은 그 길 위에서 얻은 사유와 흔들림의 기록입니다. 여행은 단순히 세상을 보는 일이 아니라, 삶을 다시 쓰고 나를 비추는 일이었습니다. 이 시들이 한 줄기 바람, 혹은 조용한 불빛이 되어 누군가의 마음에도 잔잔한 울림으로 닿기를 바랍니다. 외로운 길에서 만난 다정한 당신처럼 당신의 길을 잠시 밝혀 줄 수 있기를 소망합니다. 늘 내 곁에서 따스한 온기로 나를 감싸주는 반려자 명식 님과 나의 투정을 말없이 받아주는 아들과 딸, 사위와 며느리 그리고 여섯 명의 예쁜 손자 손녀. 그리고 길 위에 여러 동행인들에게 감사의 마음 전합니다. 이 시집을 읽는 모든 독자들에게 행복과 고마움을 전합니다.

한 경

목차

시인의 말　　　　　　　　　　　　3

1부 여행과 유랑의 기억

다나킬사막 검은 숨　　　　　　　11
바하리아 사막의 밤　　　　　　　12
나미비아 사막의 성자　　　　　　14
나일강변의 풍경　　　　　　　　15
에르타알레의 유혹　　　　　　　16
모정의 오카방고 델타　　　　　　18
초배강의 석양　　　　　　　　　20
타지마할　　　　　　　　　　　22
투탕카멘　　　　　　　　　　　23
작은 돌무덤　　　　　　　　　　24
밴쿠버의 뒷골목　　　　　　　　25
람팡의 야시장　　　　　　　　　26
마게리 빙하　　　　　　　　　　27
메켈레에서 만난 소녀　　　　　　28
거대한 고요　　　　　　　　　　30
사그리다 파밀리아 성당　　　　　32

2부 자연과 시간의 풍경

겨울 강	35
겨울 바람	36
겨울 언저리	37
강을 건너다	38
얼어붙은 숨골	39
낮달	40
히어리	42
제주도 유채꽃	43
까치와 소나무	44
석류	45
달팽이	46
불갑사 꽃무릇	47
발왕산 천년 주목	48
미황사 돌배꽃	49
동백	50
달개비꽃	52
매미	53

3부 인간과 관계의 빛깔

노인과 낙타	57
사막의 나그네	58
늙은 낙타에게	59
그와 나의 사막	60
진눈깨비의 변	61
술래잡기	62

은빛 거미줄	63
거미와 잠자리	64
숨은 그림 찾기	65
숨은 그림 속의 나	66
숨은 그림을 찾다	67
하얀 나비의 밤	68
두타연 출렁다리	70
숯불을 지피는 저녁	71
겨울바다에 와인을 따르다	72

4부 삶과 죽음 그리고 성찰

벽시계	75
안락의자	76
겨울 무	78
은빛 신사	80
카드게임	82
조커의 독백	83
운파 대금에 취하다	84
홍푸르메의 수묵화에 취해	85
묵죽	86
가로등	87
거울	88
유효기간	89
하조대 소나무	90
바람이 부처인가	91
백용동굴	92
영월 창령사 터, 오백 나한상(희노애락)	94

5부 돌아가고 싶은 시간의 회상

옆지기	101
푸른 혈맥	102
13월에 부쳐	103
하롱베이 선상의 밤	104
해변의 추상화	105
하얀 이불	106
빈 그릇	107
빌의 말씀	108
아버지를 만나다	109
그 해 사월	110
세상의 끝에서 부는 바람	112
엄마의 젖냄새가 피어나는 저녁	114
침묵의 강	115
56번 국도를 지나며	116
가슴에 숨은꽃	117
허세	118

시평

박동규(문학평론가, 서울대 명예교수)	120
김경수(시인, 문학평론가)	142

1부
여행과 유랑의 기억

다나킬사막 검은 숨

심장보다 뜨거운 공기
검게 굳은 용암 속
아직도 붉은 숨을 토해내며
뛰는 맥박

풀빛마저 증발한 검은 사막 위로
소금기 어린 바람과
유황 숨결이 환각처럼 스며든다

태양 아래 몸을 웅크린
날숨 같은 집들
가슴을 조여오는 열기속에
삶의 가장자리에서 버틴다

용암 가시는
발끝마다 검은 꽃을 새기고

빵 냄새를 쫓아
맨발로 달려오는 아이들
우리가 건넨 한 조각의 빵을
한 생의 전부처럼 움켜쥔다

낙타는 소금 벽돌을 등에 지고
끝없는 사막을 묵묵히 헤쳐간다
이곳은
노을마저 죽음의 온도에 매달려있다

*초현실적이고 위험한 풍경으로 '죽음의 땅' 이라 불리는 다나킬 사막은 아프리카 에티오피아 북동부, 에리트리아와 비부티에 걸친 해수변100m 낮은 아파르 삼각지대다.

바하리아 사막의 밤

짙은 수묵화로 잠든
하얀 사막에
쏟아지는 별바다

이별을 예시하듯
여기저기 빗금으로 하강하는 별똥별들

적막한 어둠 속
나그네 마음을 슬며시 읽은 듯

귀를 쫑긋 세운
사막여우의 눈빛

"사막아 고독하다고 말하지 마
사람들 속에 있어도 고독하니까
하지만 우리가 서로에게
길들여진다면
4시에 네가 온다면
나는 3시부터 행복해 질거야"

" 넌 무엇을 찾아
   이 사막에 온거야"
" 사람들은 소중한 것을 잃고 나서야
   그것을 찾으려 하지"
" 어린 왕자가 나를 찾고 있을지 몰라
   난 이제 가야 해, 안녕"

이 말을 엿들었는지
바람도 낙타를 사막에 두고 떠날 수 없어
밤새 뒤척이고
나그네, 바람 뒤척이는 소리에
덩달아 잠 못 들고
다른 별에 두고 온 장미꽃에 물 주러 갔는지
어린 왕자 기척도
사막여우의 울음소리도 들리지 않았다

바하리아 사막은 이집트에 위치한 석회암과 백악으로 이루어진 백사막으로 생떽쥐베리의 '어린 왕자'의 배경이 된 사막이다. 대화중 일부는 생텍쥐페리의 어린 왕자를 인용하였습니다

나미비아 사막의 성자

여기는 낯선 행성
바람의 주술에 걸려
등뼈를 서서히 움직이는 사구

가장 고독한 소리로
울어 본 사람만이 들을 수 있는
바람이 엉킨 붉은 오열

억겁의 세월이 덧쌓인 사막
오늘도 모래 살점 날리며
풍장하는
홍시빛 사막

뼈대만 남아
사백 년을 서 있는
아카시아 한 그루

석양에 걸린
성자의 긴 그림자

나일강변의 풍경

야자나무 사이로 보이는
흙벽돌의 낮은 집들
수천 년 숨결을 이어
여전히 강가에서 빨래하는 아낙네들

하늘이 내려주신 옥토에 씨를 뿌리고
가족들 배부르면 그저 행복한 촌부
오늘도 작은 배 저어
강물 속 은빛 고기를 건져 올린다

문명을 꽃피우며
수만 년 유유히 흐르는 나일강
성쇠의 파도를 넘어간 왕조들

왕의 이름을 알지 못한들 어떠리
빨래터 아낙네의 방망이 소리
살아 꿈틀대는 아이들 웃음소리에

툭, 떨어지는 야자열매 하나

에르타알레의 유혹

수천 년을
아직도 열애 중이라는 소문에

붉은 꽃술 향해 가는
야간 산행

뜨겁게 녹아내리는
화산의 심장
죽음까지 끌어안는
혼절할 듯한 정사

천연덕스레 웃는 달빛 아래
후들거리는 팔다리
혼미한 의식 밖으로
울컥울컥 올라오는 잿빛 얼굴

세월의 껍질이
허물처럼 벗겨져 내린다

뜨거웠던 한때의 불꽃이
기억 속에서
상처로 남아

미약한 불씨를 품고 있다
그가 나직이 묻는다

"너의 심장은 아직
 타오르고 있는가

떠나보낸 사랑은
아직도 붉은가"

*에르타 알레(Erta Ale)는 에티오피아 다나킬 한가운데 자리한 활화산이다. 지구에서 몇 안 되는 용암호(lava lake)를 품고 수 천 년 동안 타오르고 있는 불의 산.

모정의 오카방고 델타

얼룩말과 코끼리 떼
물보라를 일으키는 오카방고

새들이 유유히 날고
맑은 호수 위에
파랗게 하늘이 누워있다

분홍빛 스왐프릴리와 하얀 수련
활짝 입 벌려 웃고 있는
여기는 잃어버린 낙원

끝을 모르는 모래 바다
칼라하리 사막에 이백만 년을 살며
끝내 바다에 닿지 못하는
오카방고강

떠나지 못하는 모성,
황금빛 젖줄을 먹고 사는
수많은 동식물과
긴 장대 하나로 모코로를 밀며
호수의 품에 살아가는 사람들

하마가 깊은 숨을 토해내고
모콜러의 갈증을 풀어주는

여기는, 생명의 자궁
그 물을 마시는
사공의 목젖이 반짝였다

*오카방고 댈타는 아프리카 보츠와나 북서쪽에 실재하는 세계 최대의 내륙 삼각주로 사막에 갇혀, 바다로 가지 못하는 습지 호수이다.

초배강의 석양

코끼리 한 무리가
저녁 강을 건넌다

보츠와나와 나미비아 사이
색색의 천 조각
푸른 국기가 바람에 젖는다

말 대신
국기를 꽂고 떠난 이들

하늘은 경계를 잃고
천만년의 침묵을 품은 육체가
물결 위에 눕는다

풀숲의 임팔라 두 마리
충혈된 눈으로 뿔을 겨누며
한 치도 물러서지 않는다

사그라지는 태양의
눈빛은 더욱 단단해지고
저녁은 핏빛 분홍으로 강을 덮는다

나는 무너지는 석양을 바라보며
이 밤, 꺼져가는 생명을 위해
숨죽여 기도한다

핏빛은 오래전부터
이 대륙의 언어였다

내일의 생존은
예측이 아닌
본능의 기억이었다

*초베강은 아프리카 남부에 있는 보츠와나와 나미비아 사이를 흐르는 강으로 731km의 잠베지강의 지류로 보츠와나와 나미비아, 잠비아, 짐바브웨 네 나라가 접경을 이루며 보츠와나와 나미비아가 국경 문제로 분쟁이 잦은 지역이다.

타지마할

강 건너
숨죽인 채 누운 타지마할이여

그대 외로워
물거울에
제 그림자 비추고 있을 제

아그라 성에 갇혀
잡힐듯한 거리에 그대를 두고
밤마다
달빛 끈을 따라 당신 곁으로 가는 길

샤자한의 머리 위에
하얗게 새겨진 달빛

달빛 은은한 밤
진줏빛으로 떠오르는
우윳빛 무덤

죽어서 비로소
함께 누운

끝내 죽음조차
가르지 못한 사랑이여

투탕카멘

살아생전
부귀영화는
한바탕 꿈이었나

영원불멸을 꿈꾸던 왕이여

삼천삼백 년을 기다린
사후 세계는
당신이 그리던 부활인가?

세상을 유람하며
영면하지 못하는
황금 마스크 속

그 큰 눈이
왜 이토록
슬퍼 보이는가?

작은 돌무덤

튀르키예 에페소 유적 사이
작은 돌 관 가득 피어
흔들리는 양귀비꽃

아이는
휘파람 소리가 되어
멀리, 날아가고

차마 자식을 묻고 떠나지 못한
어미
양귀비꽃이 되어
이천 년을 기다린다

바람에 밀려온
하얀 나비 한 마리
살그머니 양귀비꽃에
안기는 해 질 녘

붉게 물드는
묘비명의 긴 그림자

에페소는 튀르키예 셀축 근처의 고대 로마 시대에 번성했던 도시로 화려한 건축물과 유적들, 크고 작은 돌무덤들이 폐허로 남아있는 유적지이다

밴쿠버의 뒷골목

낡은 벽에 흘러내린
화려한 문양의 낙서들이
공동묘지 묘비명처럼
스산하다

햇빛이 들지 않아
관처럼 누워 침묵하는
컴컴한 골목길

커다란 코카콜라를
옆구리에 끼고
몸을 끌 듯 걷는
흑인 여인

걸어도 걸어도
제자리인 듯
답답한 삽화를
그리고 있다

람팡의 야시장

알전구가 터널처럼 줄지어 있는
시장 후미진 구석 한 켠

어디를 걷다 왔는지
피곤한 기색이 역력한
때 묻은 운동화 서너 켤레
작은 널빤지 위에서 졸고 있다

음식 냄새 자욱한
연기 때문이었을까?

충혈된 노인의 눈동자

전 주인 발 냄새 햇빛에 말려
가지런히 끈 매고 기다리지만
팔리지 않는 신발

먹이사슬 아래
풀풀 배어나는 고단함

마게리 빙하

수천 년 파도와 바람에 몸을 맡기며
속살 깊이 잠들어 있던 마게리 빙하
오늘도 푸른 숨결로 녹아내린다

침묵으로 다진 세월이
햇빛 속에서 울음을 터뜨린다
물빛 눈물이 바다를 향해 길을 내고
바다는 그 눈물을 품어 안는다

절벽 끝에서 등을 떠미는 자 누구인가
차가운 심장을 바닷속으로 수장시키며
다시 태어나라, 속삭이는 자 누구인가

설령 그것이
또 다른 환생의 문턱일지라도
나는 지금, 이 순간 그대로의
그대 얼굴을 바라보고 싶다

메켈레에서 만난 소녀

어둠이 묻으면
그의 검은 얼굴은 찾을 수 없을 것이다

도도한 눈빛
그 서늘한 눈을 감는다면

화보에서 막 걸어 나온 듯
강렬한 자태

레게머리에
화려한 문양의 낡은 원피스
귀고리로 꽂은 옷핀과
빨간 실 목걸이와 스카프
유난히 두툼한 입술의 아이

사진을 찍으라며 얼굴을 들이밀고
give me를 외치는 무리
한 발 뒤, 부동자세로 서 있는 소녀

그 눈빛과 마주한 순간
내 손이 조용히 멈추었다

몇 푼 동전이
그 자존심을 해치지 않기를

엉겁결에 남은 사진 속
깊은 우물 같은 우수
알수 없는 슬픔의 무게로
끝내 사라지지 않는
한 점의 눈빛

거대한 고요
- 뮤어우드 숲에서 -

뮤어우드 숲,
우듬지마져 안개를 먹고
발밑은 이미 진청록의 시간

레드 우드의 끝은 보이지 않고
아득한 시공간이
내 안의 먼 기억을 끌어낸다

언뜻 인디언의 얼굴이 스쳐가고
나무 한 그루마다 살아있는 혼령이 느껴진다

모태(母胎)의 시간을 거슬러가도
그 시간에 닿지 못하지만
태반에 앉은 양 평온하다

누운 나무 등걸에
곁살이 하는 어린 나무와 이끼들
겹쳐진 시간이 발효되어
숨결 가득 산 자와 죽은 자의
손타지 않은 원시의 시간이 공존하는 낙원

잎 사이로 숨어든
몇 줄기 햇살이
우람한 레드 우드의 겉껍질을 쓰다듬고

쓰러진 나무 등걸 위
큰 민달팽이 한 마리
태초의 숨결을 더듬으며
느린 시간을 재고 있다

* 뮤어우드숲 (Muir Wood Forest)는 미국 샌프란시스코 북부에 위치한 국립공원으로 주요 수종은 RED-WOOD(일명 세콰이어)이며 긴 수명과 큰 키를 자랑한다

사그리다 파밀리아 대성당

하늘을 향해
실핏줄처럼 살아 꿈틀거리는
시간 위에 피어난 기도

일백사십삼 년의 세월을 거슬러
성전에 피어난 생명에 숲
빛을 머금은 스테인드글라스에
천상의 숨결이 파동친다

이것은 창조주의 부름인가

범접할 수 없는 믿음에
묻어나는 영혼

죽어서도 성전을 짓는
외로운 천재
안토니오 가우디

2부
자연과 시간의 풍경

겨울 강

작은 미풍에도
몸을 흔들며
삶의 무늬를 그리던 강물이
입을 꼭 다문 채
띠를 둘러 상처를 감싸고 있다

무수히 흘러간 인연들은
바다에 잘 닿았는지 기별이 없다

햇살이 눈발을 비집지 못한
수묵화 같은 겨울 한낮
겨우
배꼽만 남은 숨골로 침묵하는
겨울이 흐르고 있다

세찬 눈바람이
실눈을 뜨고
맨발로 강을 건너간다.

겨울 바람

닫힌 창문 틈으로
한 줄기 바람이 스며든다

움켜쥔 손끝이
슬며시 풀린다

한때는 눈부셨던 약속도
그저 흩어지는 먼지일 뿐

가만히
내 안의 울음을 들여다본다
소리 없는 눈발처럼
내려앉는 감정들

바람은
그 모든 것을 헤집지 않고
살짝 흔들어 놓고
떠났다

지금
나는 그 여백의 바람 속에
서 있다

겨울강 언저리

발 끝에
미세한 균열이 생긴다
바람이 지나가며
그림자가 길게 늘어난다

전하지 못한 말을
내 안에 묻어둔 채
눈발을 맞는다

머뭇거림의 강가에 서서
나는
돌아갈 수도 건널 수도 없는
경계 위에 서 있다

한 발은 겨울 안쪽에 머물고
남은 한 발은
이미 봄의 기척을 듣고 있다

강을 건너다

강 너머를 알지 못한 채
누군가는 흘러가고
누군가는 얼어붙고

겨울은 말 없는 힘으로
그들을 저편으로 데려간다

맨발로
강을 건너는 이의 발자국마다
작은 불꽃이 번진다
이름 없는 생을 데우듯

얼어붙은 숨골

작은 틈
겨우 숨을 내쉬는 구멍 하나가
얼음 아래에서 살고 있다

말하지 못한 말들이
배꼽처럼 꿈틀거리고

죽음 같은 정적 속에서도
한 점 체온이
밀물처럼 올라오고 있다

낮달

1. 낮달

밤이 오기도 전
하늘 바라보며 기다리네

네가 꼭 올 것을 알기에

사랑은
빛나는 믿음이니까

2. 초승달

어둠이 걷히기도 전
저 하늘 끝에
가느다란 약속 하나 걸어두네

정해져 있었던 것처럼

사랑은
기억의 가장자리에서도
다시 피어나는 것이니까

3. 그믐달

달이 사라진 밤
너의 부재를 온몸으로 껴안는다

보이지 않아도
너는 내 다정 안에 있으니

사랑은
더는 묻지 않는 평온이니까

히어리

바람 속에서
온몸으로 종을 친다
너는 침묵으로만 말하고
나는 그 울림을
귀가 아닌 가슴으로 듣는다

소리를 품지 못한 허전한 공명
숨죽여 떨어지는 소리
툭, 툭
이마 위로 스며드는 봄빛처럼 고요하다

봄, 너의 잎맥에 실금 하나로 남고
그 금을 따라 흐르는 시간이
내 손끝까지 와닿는다

그래도, 다시 오라
세월이 빗금처럼 가를지라도
네 얼굴을 한 번 더 부를 수 있다면
나는 이 기다림을 버리지 않으리

제주도 유채꽃

봄바람 일렁이는 유채밭
노란 머리 풀어 흩으니
햇살 속 번지는 은은한 분내
향기에 흠뻑 취한 노랑나비

나비 날갯짓, 햇빛을 부스고
멀리서 꾀꼬리 소리 한 줄기 날아와
섬의 봄 귀를 깨운다

더러는 산으로
더러는 바다로
이별을 실은 바람은
유채꽃 향기를 등에 업고
지평선 넘어
봄빛 속에 잠긴다

까치와 소나무

우리는
같은 방향을 바라보았지만
결국
다른 풍경을 보았다

너는 햇빛을 보았고
나는 너의 그림자만 보았다

가까워질수록
더 멀어지는 관계가 있다

그리움은
빛보다 늦게 도착하니까

석류

이글거리는 햇알 삼키며
여름내 가슴앓이한 세월

행여 바람이 시샘할까
진홍빛 치마폭에 고이 감싸
밤이슬 맞으며 지켜낸 모정

깊어가는 가을밤
더는 숨길 수 없어
살며시 달빛 아래 드러낸 속살

한 생애를 사른
투명한 사리들

달팽이

어디를 가든

더듬이로 세상을 살피며
한발 한발 내 무게를 지고
내가 갈 수 있는 곳까지만 느리게 가는
나와 껍데기는 한몸이다

촉촉한 점액질의 감성
언제나 정직하게 발자취를 그리며
내 껍데기를 지고 다닌다

빛이 쏟아질 때 조심하라는 선현의 말
자칫 방심하다 심한 화상에
목숨이 위태로울 수 있음이리

단단한 비밀을 가득 숨기고 사는 듯
서로 껍질을 벗으라는 사람들

크지도 작지도 않은 몸에 꼭 맞는 패각
나는 오늘도 당당하게 산다

불갑사 꽃무릇

한 여인을 향한 연모
차마 고백하지 못했던 스님

머리를 쥐어 잡고 번뇌를 떨쳐내며
온 산에 붉은 피를 흩뿌리고
끝내 꽃이 되었다는 전설
바람에도 울먹이는 붉은 길을 남기고
골짜기를 따라 서럽게 피어있다

사랑이 무슨 업보냐고
올해도 만나지 못한 채
홀로 환생하여
목탁소리에 빨갛게 번지는
스님의 붉은 혼이여,
해마다 피고 지는 사랑이여

발왕산 천년 주목

비바람 눈보라에
살을 내준 세월

팔다리 다 내주고도
지나간 천년이
그리워 눕지 못하고

풍상을 고스란히 두른 채
굽은 뼈대로
장승처럼 서 있다

삶과 죽음을 건너
말없이 서 있는
검은 고사목

미황사 돌배꽃

파란 하늘 아래
죄업을 닦듯
눈물 한 방울 맺힌다

달마산 바람
돌배꽃 향에
눈이 시리고

청아한 목탁 소리
고요한 시간의 물살을 타고
천 년 도량에 닿는다

미황사: 전남 해남에 있는 천년고찰

동백

1. 겨울 동백

하얀 눈 위에
온 생애를 던져 쓰는
붉디붉은 꽃 서사시

이렇게밖에 사랑할 수 없었다고

2. 동백꽃

천천히 갈 수 없고
돌아갈 수도 없는

터져 나오는
꽃빛 얼굴

고백도 못 하고
툭, 떨어져 사라질지라도

사랑은 속도를
조절할 수 없었다

3. 봄 동백

바람 한 점에도
붉은 몸을 통째로 내던져

눈 위에 쏟아진 꽃잎
순간의 죽음처럼
절정을 남긴다

천천히 시들 틈조차 없이
한 번에 꺾인 사랑

툭, 떨어져 흩어져도
눈 위에 번진 붉음이
끝내 사라지지 않는다

달개비꽃

담장 옆
이슬 머금고
연보라 꽃잎인 듯
연녹색 잎인 듯

다소곳이 고개 숙인 채 피어나
햇살 한 줌 품고
한낮이면 조용히 사라지는 소녀

바람에 울지 않고
소낙비에 숨듯 잠드는
달개비꽃

짧게 스쳐간 수줍은 인연
깊은 앙금으로 남아
내 가슴에 별이 되었다

매미

늦은 밤, 이른 새벽
아랑곳하지 않고
온 몸 태우며
울부짓는 너의 구애

절규에
붉게 타오른 한 낮

사랑보다 뜨거운
네 통곡에
도시마저
촉촉히 젖는다

3부
인간과 관계의 빛깔

노인과 낙타

낙타 눈동자
깊게 가라앉은
세월의 앙금이 깃든 고비사막

손님을 태우려
구부린 무릎을 세우고
천천히 일어서는 낙타 등을
토닥이듯 밀어주는
붉은 모래바람

광활한 사막
세찬 바람의 휘파람 속에
잠긴 노인과 낙타

해진 신발이
터벅터벅
사막에 한 생의 지문을 찍으며 걸어간다

하늘, 어느새 감빛으로 젖고
이제는 집으로 돌아가야 할 시간
어디쯤일까?
삶의 오아시스는…

사막의 나그네

바람은 사막을 기억하고
모래의 강을 건너는 낙타는
등에 싣고 간 태양을 기억한다

사막에 묻은
발자국마다
태양의 흔적이 남는다

모래바람에 젖은 눈빛
낙타와 낙타꾼의 한 생애가
황금 물결에 떠내려가고

별빛 홀로
오아시스를 찾는다

늙은 낙타에게

걷고 또 걸어
등짐을 털고도
끝내 사막의 강을 건너지 못한 너

푸석한 바람결에
네 숨소리가 스민다

긴 혀처럼 늘어진
사막을 따라
우린 몇 겹의 고독을 삼켰지

모래 속에 묻힌
네 젖은 눈동자를 기억한다
별빛을 되새김질하던 그 밤들을

한 때, 네 등에 실었던
나의 무게조차 사랑이었지만
이제는 말없이 누운 채
바람의 무덤이 되었구나

낙타야, 체온을 나눈 낙타야
너의 온 생애를 품은
투루판 사막에는
여전히 바람 불테지

그와 나의 사막

오아시스에 이르자
별처럼 숨을 고르는 낙타

모래에 묻혀
잠들던 기억들이
대추야자 잎 사이로 흔들린다

나는 문득
사막이 외롭지 않았음을 깨달았다

바람과 별에게 길을 묻고
누군가를 잊지 않으려
끝없이 걸어온 사막

결국
서로의 등불이었음을

진눈깨비의 변

서로
모호한 빛깔에 젖어 들던
젊은 날의 초상
비와 눈, 그 사이의 행간

누군가는 비라 하고
누군가는 눈이라 하는
엇갈린 감정의 파문들

비 너머 어디쯤에서 눈이 될까
눈 너머 어디쯤에서 비가 될까
끝내 서로에게 선명하지 못한
우리는 결국
진눈깨비였을까

술래잡기

콩콩 뛰는 가슴, 숨소리 죽이며
아무리 기다려도
술래는 찾으러 오지 않았다

제풀에 지쳐
짚단에서 살며시 나와 보니
친구들은 다 집으로 돌아가고
어둑한 골목에
울음도 잊은, 내 그림자 하나

그 막막한 두려움이 활처럼 꽂힌 유년
땅거미 지는 골목은 여전히 가슴 저리다

텅 빈 골목,
울지도 못하고
홀로 서 있는
그날의 나를 가끔 만난다

은빛 거미줄

빈 가지와 가지 사이
거미가 엮어 놓은 길
투명한 숨결이 흐르고 있다

촘촘히 짠
삶의 그물
누군가의 날갯짓이 닿기도 전에
세상은 이미
그 흔들림을 눈치 챈다

끊어질 듯 이어지는
가는 선 위에
한 생애가 숨을 들이쉰다

바람은 조용히 머물며
말 없이 다가온다
누가 누구를 잡는 것인가
누가 누구를 기다리는 것인가

눈부신 허공에
생의 집을 짓는 거미
나도 오늘
은빛 한 줄
마음 끝에 건다

거미와 잠자리

허공에
발목 잡혀 허우적거리는
고추잠자리

기다렸다는 듯
거미가 다가와
잠자리 날개를 접으며
하얀 실을 돌돌 감아 염을 시작한다

푸드득거리던 투명한 날개
힘없이 구부러지고
더 이상 미동이 없다

조금 전, 가을을 날며
히트 문양으로
붉은 사랑을 그리던
여운이 채 식기도 전

그는, 조용히
다른 생명의 숨이 된다

숨은 그림 찾기

여우를 찾고, 늑대도 찾고
느티나무 속 유리구두 한 짝도 찾아냈다
별을 헤던 어린 왕자의
코끼리 모자 속 뱀도 발견했다

그것은 잠깐의 기쁨일 뿐
숨은 시간의 결을 따라
추상화 속 그림은 점점 희미했다

유년이 저만치 멀어지고
사랑의 빛이 흐려지며
품 안에 아이들도 떠나갔다

장미는 메마른 향기만 남기고
텅빈 둥지엔
달빛조차 머물지 못했다

알갱이 같던 생명,
바람의 홀씨로 흩어진 줄
세월이 지나서야 깨닫는다

홀로 잠 못 드는 밤
바람결에 흩날리는
사막을 떠도는
낙타의 고독한 울음소리 듣는다

숨은 그림 속의 나

빈 의자를 보며
숨은 그림은 끝내 찾을 수 없음을
늦게야 알았다
어쩌면 그림은
처음부터 없었는지도 모른다

고독은 슬픔으로만 채워지지 않았다
내 안의 숨어 있던
낯선 나와 마주한 순간
바람에 흔들리던 등불 하나가
가만히 나를 비추어 주었다

끝내 그림은 찾지 못했으나
그림자 속에서
나는 나를 발견했다

숨은 그림을 찾다

찾지 못한 그림은
사라진 게 아니다

떠난 발자국마다
바람이 스며 돌아오고
낙타의 울음도
밤하늘로 흩어져 별이 되었다

빈 의자에 앉아
그림자가 남긴 자리를 바라본다
잃어버린 것들은
모두 다른 빛으로 변주되어
내 안에 살아난다

삶은 숨은 그림이 아니었다
이미 한 폭의 그림이었음을
이제야 안다

스스로를 끌어안고
나의 마지막 노래를 듣는다
한 줄기 바람 따라
나비의 날개로 흩날리는 노래를

하얀 나비의 밤

1.
잠은
죽음이 벗다 만 옷자락

매일
깊이를 잴 수 없는 터널 속을
들어갔다 나오고
또 다시 들어간다

끝내
그 속에서
하얀 나비가 되어
잠들 것이다

2.
잠은,
죽음이 스며드는 면역 없는 질병
그 병을 이겨낸 이는
아직 없다

3
잠은,
죽음이 흘리고 간
느리게 번지는 감염
그 병을 모른 채 살아남은 이는
아무도 없다

그래서 우리는
밤마다 하얀 나비가 되어
조용히 죽음을 배운다

두타연 출렁다리

산과 산 사이
말 한 마디조차 삼켜야 하는 침묵 위에
실핏줄 걸려있다

분단의 땅을 건너온
숱한 묵상이
잠시 숨을 고르고
먼 저편을 응시할 때

바람이 잠시 멈추며
흔들림 속에
평형을 잡는다

출렁임은 두려움이 아니라
살아 있다는 몸부림

두타연의 물소리도
가슴 속 고요도
그 다리 위에서
잠깐, 하나였다

숯불을 지피는 저녁

마음 한 자락 데우듯
조용한 숨결로 타오르다
문득, 신음처럼 튀는 불씨

붉은 기척이 번질 때
허기마저 품은 불꽃 하나
꽃처럼 피어나다
이내 사그라든다

사랑은, 그렇게
뜨겁고도 짧다

영원할 것 같은 열기조차
한 자락 바람에 흔들리고
끝내 재가 되는 불꽃

사랑도 딱 그만큼만 꽃 피우고
잿빛 여운으로 맴돈다

누구도
막을 수 없는 돌아섬

어쩌면 그 여운 속 어딘가
다시 피어날 불씨 하나
숨 쉬고 있을지도 모른다

겨울바다에 와인를 따르다

눈 덮인 겨울바다
붉은 와인 잔에
바다를 담는다

흰 파도가
와인 잔 속에 부딪혀도
여전히 닫힌 심연

절벽의 바다라 해도
뛰어 들고 싶은
유혹

들꽃 향,
장미의 숨결이
와인에 녹아 흐르고

하얀 설빙의 바다를
천천히 적시며

나비 한 마리
뜨겁게 날아오른다

4부

삶과 죽음
그리고 성찰

벽시계

늘 같은 심박으로,
모두에게 같은 숨을 건네며 서른 해를 벽에 기대있다.

자신을 위해
단 한 번도 멈춘 적 없이
오늘을 밀어내고 내일을 불러오며
어떤 감정에 물들지 않는다

그 앞에서 수많은 사람들이 태어나
사랑하고, 울고 웃다 사라지고
고백과 다툼, 화해와 이별까지
묵묵히 지켜보았으나

벽시계는 어떤 말도 남기지 않은 채
단단한 침묵으로 시간을 쌓아 올렸다.

누구도 묻지 않았다
지금 어디쯤 와 있는지, 얼마나 남았는지

어느 날 우리 모두 멈추었을 때

벽시계는 여전히 등을 붙인 채 째깍, 째깍, 흘러 갈 것이다

죽은 건, 시계가 아니라 우리의 심징이었다.

안락의자

때 묻은 솔기
나달나달한 채
관절이 틀어지고
다리가 부러진 몰골로

아파트 후미진 구석에
나앉은 모습이
영락없이 고려장한
할망구다

제 삶의 무게에
털썩 주저앉은 세월

과거를 회상하는 것은
버려진 자의 꿈인가

벚꽃 쏟아져내리는
벤치에 홀로 앉아
꿈을 꾸듯 졸고 있는
왜소한 할머니

할머니는
누구의 안락의자였을까
어디선가
노랑나비 한 마리 날아와
할머니가 이고 있는
하얀 화관에
살며시 입맞춘다

겨울 무

한 때는
밭이랑을 흔들던
푸른 청춘이었다

잎새 무성하던
그 푸른 날은 가고
이제는 낯선 베란다 구석
머리 잘린 채
웅크리고 있다

퍼렇게 멍든 알몸
그 위에
독처럼 돋아난
노란 싹 하나

상사병을 앓는다
바람이 들었다는
소문이 한바탕 돌고
그는
무심히 잊혔다

그 겨울
아무도 눈치채지 못했다
쪼글쪼글
메마른 몸피로
시름시름 앓다
조용히
그가 사라져가는 것을

은빛 신사

점잖을 빼고 있던 남자
갑자기 누워있는 그를 깨우듯
큰 소리로 갈치 세일합니다
바다를 세일합니다

깊은 바닷속을 떠날 때
이미 다 내려놓은 목숨인데
여전히 쫓기는 신세

죽은 자의 유효시간이 임박한
오후 여덟 시
사방에서 몰려드는 시선들

하지만
은비늘 옷깃은
여전히 도도하다

머뭇거리던 젊은 새댁
그가 살던 푸른 바다를
토막토막 잘라
장바구니에 담는다

이제 그는
은빛 떼들과 놀던 바다
그 바다 향기로
희디흰 속살을 보시하며

뜨거운 불 위에서
마지막 뒤집기를 마친 후
다시
바다로 돌아갈 것이다

카드 게임

무엇을 버리고
무엇을 쥐고 있어야 하는지
카드를 손에 쥔 채
패조차 읽지 못하는 사람들

그림과 숫자의 오묘한 조합
낱장 사이에 수 없는 갈등

오만하거나
무지하거나
착각했거나
그저 운이 없었거나
한번 내려놓은 것은
다시 집을 수 없다

내가 받은 패
단 한 번도 들춰본 적 없는데
판을 뒤집을 조커를 기다리며
여전히 게임 중이다

꿈인가, 현실인가
오늘도 무심히
손끝이 먼저 결정을 내렸다

조커의 독백

나는 규칙 밖에서 태어났다
숫자도 무늬도, 이름도 없는
빈 자리 한 칸

모두가 패를 숨기고
서로를 탐색할 때
나는
불편한 가능성으로 웃는다

가끔은 누군가의 구원이고
가끔은 게임의 파멸이다

사람들은 나를
운명이라 부르지만
나는 단 한 번도
누구의 편인 적 없다

오늘도 누군가의 손끝 아래
웅크려 있다가
조용히 판을 뒤엎을 순간을 기다린다

운파 대금에 취하다

바람에 부서지는 대숲의 소리였을까
긴 날숨으로 휘몰아치는 울림

비늘로 일어서
심연을 툭 치고
아득히 멀어졌다 되돌아오는 파동

그림자조차 비워낸
소리에
숨죽이는 천지

허공에 맺은 한 자락 인연인가
시작과 끝이 없이
맴도는 환희

*운파(耘波) 송성묵(宋性黙)선생님 - 시 서화와 대금 창을 하는 예술인이다

홍 푸르메의 수묵화에 취해

깜깜한 밤을 쏟아놓은 듯
평온이 잠든 세상

생각과 말을 주워 담고
담담하게 흐른다

비어있는 공간 위로
작은 배가 지나간 듯하고

스미는 빛결 위로
무심히 스쳐 간 먹의 흔적
욕망을 덜어낸
긴 여백에
흑백 무성 영화 한 편이 흐르고

하얗게 피어오르는 물안개 뒤에
숨겨 있을 것 같은 피안

그림 앞에서
눈물 한 줄기, 조용히 번져 내린다

*홍 푸르메 작가는 동양화에 빛의 개념을 도입한 독특한 수묵화의 대가로 국내는 물론 대만과 프랑스 등지에서 여러 차례 전시회로 명성을 날린 주목 받는 작가이나.

묵죽

곧은 듯
휜 듯
잎 하나하나에 서린
수묵의 깊은 호흡

스쳐가는
댓잎 사이로
배어 나오는 기품
바람, 바람이 분다

화가는 강 너머로 사라지고
묵향에 스민 바람은
천 년을 살아 일렁이리라

* 김규진(1868 1933)의 묵죽도를 보고

가로등

해도 달도 아닌
작은 빛
누구의 별도 되지 못하고
어디에도 속하지 않은 불빛으로
길 위에서 오래 빛을 지켜왔다

어둠이 깊어질수록
도시의 고독한 얼굴들이 바쁘게 스쳐간다
서로를 모른 채 흘러가는
그림자들 속에서
나는 조용히 눈을 뜨고 바라본다

외눈의 불빛이
누군가의 가슴에
밤이 덜 외로운 위로로 스며들길

멀고 고단한 여정 속에
작은 빛으로 곁을 지키며
길을 잃고 스스로를 잊어버린 밤에도
묵묵히 당신을 위해 빛을 건넨다

거울

거울 속 웃는 얼굴
눈빛은 웃고 있지 않다

겉으로 덧씌운
하얀 가면 같은 미소

뒤편에는
지워지지 않는 주름과
말라붙은 피로가 남아있다

매일 아침
낯선 나와
억지로 악수한다

유효기간

여름 더위 스미자
냉장고 속 유통기한이 짧아진다
오늘이 마지막 날인
작은 컵 속 요쿠르트들

숨 쉬던 병들이
쓰레기 봉투로 이사 간다 하니

어느 시인이 말했다
숨 멎은 사람은
세상 목록에서
가장 먼저 지워야 하는 이름이라고

그 옆 시인이 물었다
사랑의 유효기간은 언제까지일까
이별을 통보한 순간일까
아니면
마지막 목소리가 사라진 뒤에도
혀 끝에 남은
그 쓴맛까지일까

하조대 소나무

거센 파도에 깎인
바위 끝에 서서
동해를 지킨 세월

소금기 머금은 바람과 파도
해와 달이
이은 고리마다
240년 숨결을 새겼다

기지개도 못 켠 채
굽은 등으로
견뎌낸 한 생애

더 붉게 취해가는
하늘과 바다를 바라보며 묻는다
누구의 생도
외로움을 비껴가지 못했으리

오늘도 사나운 바람에 맞서
한바탕 춤을 추듯
숨을 고른다

바람이 부처인가

속세의 번잡함을 등지고
절벽끝 작은 암자에 서 있는 도솔사

두세 평 협소한 뜰에
바람따라 휘어진 팽나무 한 그루
묵언수행의 세월 속에
살빛 고운 부처가 앉아 있다

여전히 내 등에 남은 집착
낭떠러지 바람에 흩날리면
나는 팽나무 하얀 살빛이 될까

능선을 휘몰아치는
매듭 없는 영혼

부처는 어디에 있는가
바람이 곧 부처인가?

백용 동굴

생명을 잉태한
태초의 어둠일까?

빛 한 점 들지 않는
숨막히는 어둠 속
나는 자궁속을 유영하듯
편안히 떠다닌다

얼마의 시간이 흘렀을까
칠흑을 벗어나
혼자 빛 속에 던져졌던
그날의 울음

어슴푸레한 그 순간이
전생의 지문처럼
흐릿하게 떠오른다

빛과 어둠을
유람하듯 살아오다
찰나의 순간
다시 어둠으로
사라지는 상상

절대 고독의 절벽 앞

백색소음조차 사라진
캄캄한 동굴 속

탄생과 죽음의
장엄한 실루엣이
파동처럼
조용히 흐른다

영월 창령사 터, 오백 나한상

희 (喜)

몸이 웃음인지
웃음이 몸인지

캄캄한 땅속에서도
웃은 천년 세월
그 웃음, 화석이 되었지

무수히 끌을 쪼아 생명을 불어넣은
화강암의 온화한 숨결

시공간을 넘어온
어느 석공의 묘약에
내 입꼬리도 덩달아 올라가네

기도를 잃어버린
천년 후 사람들
굳은 마음 녹이며
시간을 거슬러 피어오르는
은근한 향기

노 (怒)

입꼬리 내린 표정
싸늘하게 묻어나오는 숨소리
애써 화를 다스리며
밤새 잠 못 들었을 석공

심줄이 박힌 얼굴
땅속에서 천년을 기다리며
살얼음 되어 굳는다

풀어지지 않은 앙금
화석이 되어
등 뒤에서 홀로 서럽다

주고받은
크고 작은 상처
슬며시 눈길 주는 이 누구인가

애 (哀)

달빛 아래 맺힌 이슬인가
눈을 꼭 감고 삼키는
터질듯한 울음

속울음 삼키며
끌을 쪼아낸 어느 석공
다 새기지 못한 속내
짭조름한 농도도 남아
뚝뚝, 금방이라도 떨어질 듯

슬픔이 매달려 있는
그 애달픈 얼굴

처방 없는 슬픔 앞에
내 눈으로 흘러내리는
천년을 삭여온
눈물 한 방울

락 (樂)

풀피리 소리에 잠기니
풀잎 따라 흔들리는 몸 사위

바람결에 손끝만 닿아도
온몸이 장구가 되어
덩실덩실 춤춘다

겨우 다듬은 석공의 끌
얼굴 가득
넘쳐나는 흥

살아 꿈틀대는 환희
천년인들
다 쪼을 수 있으리

희, 노, 애, 락
바람 따라 흘러간
한 생애는
결국,
한 줄기 꿈이었다

5부

돌아가고 싶은
시간의 회상

옆지기

잘 보이려 애쓰지도
행여나 흠 잡힐까 긴장하지도 않는
호기심도 새로울 것도 없는
그날이 그냥 그런 날들

젊은 날
살살 씻어야 하는 푸성귀를 다룰 줄 몰라
서툰 손 끝에 풋내가 피어났다

언제부터였을까
부족함을 허물로 보지 않고
모가 난 말도
둥글게 듣는 마음이 자라났다

살다 보니 어느 덧
노을이 빨갛게 스미는 언덕 위
흰머리에 검은 청춘을 칠하며
세상에 하나 밖에 없는 짝꿍과
지나간 봄날 매화향기를
천천히 깊게 들이마신다

푸른 혈맥

삼백 해를 뿌리내리며
좋은 날만있었을까?

비바람 천둥 번개에
속이 까맣게 타
껍질만 남은 채
그 계절의 빛깔로
해와 달, 바람을 품었지

황금빛 축제를 끝내고
떠난 분신들

가을비 해 질 녘
잎새 하나 남기지 않은 채
묵묵히 서 있는 느티나무

칠 남매 출가시키고
예순다섯 해를 체온 나누던
엄마마저 떠나시자
모든 걸 내려놓고
스스로 마지막 링거줄을 거두시던 아버지

13월에 부쳐

철없이
달빛 아래 박꽃 미소 하얗고
뻐꾸기 소리만 붉은 줄 알았다

내리 딸 여섯을 낳은 것이 업보인 양
숨죽이며 살아온
종갓집 며느리의 긴 서러움

뒤늦게 돌아보며 읽는 삶
자식들 다 키워 칠십이 되어도
내려놓지 못한
박꽃보다 애절한
엄마의 속내를 헤아리지 못했네

이제 엄마의 나이가 되어
그 이름으로 가슴앓이하는 나날
돌아갈 수 없는 시간속
박꽃 향기가 그립다

등잔 밑 어둠 속
한 생애를 비로소 보았다

하롱베이 선상의 밤

별빛 물들어
푸른 바다
여전히 잠 못 들어
뒤척이고

졸린 듯
반쯤 눈 감은 달도
덩달아 밤하늘을
배회하네

갑판 위에 누운 여행자
빗금으로 떨어지는
별똥별탓인가

하얀 손톱에
빨간 봉선화 꽃물 들이던
여름 밤을 더듬으며
잠 못 드는 밤

별이 된 엄마는
계수나무에 사는
토끼 한 마리를
찾으셨을까?

해변의 추상화

좀체 속내를 내비치지 않아
깊이를 잴 수 없는 바다

밤새워
바람은 잔물결을 흔들며
애간장을 태우고
하루는 조용히
금빛 해변에 내려앉는다

빗살무늬 흩어지는 물 위
쪽머리 곱게 빗던
할머니의 손길이
참빗처럼 따라와
내 마음을 빗질하듯
자꾸 나를 멈추게 한다

파도는
할머니를
그 자리에 남겨두었다

하얀 이불

설쇠러 할머니 댁에 가는 날
하늘 구멍 난 듯
쏟아지는 눈발에
사라진 길을 더듬었다

여덟 살,
푹푹 빠지는 발걸음은
너무 짧고, 너무 깊었다

아버지 등에 업혀
솜옷 뒤집어쓰고 걷던
이십 리 눈길

고깔처럼 쌓이던 눈
아버지의 가쁜 숨소리
추억을 소환하며
함박눈 뿌리며
멀어져간 아버지

하얀 눈은
아버지의 따스한 등이자
이별이었다

빈 그릇

밥 냄새 스며든 그릇
이제는 텅 비어
햇살만 담고 있다

한때는 꼬리 치며 달려와
바쁘게 핥아내던
작은 입의 기도

그릇 위에 남은
하얀 자국조차
그리움으로 빛난다

빌아 너는 하늘로 가서
별빛을 먹고 살겠지
나는 남아, 빈 그릇을 어루만지면서
이별의 무게를 견딘다

비어 있는 것이 아니라
그대의 사랑으로 가득 차 있는
너의 빈 그릇

빌의 말씀

고백은
자기 불안에
자기 최면을 거는 거

개뿔 고백 할 수도 없는
나의 처지가 되어본 적 있나요
단 한마디도 하지 못한 채
늘 기다리는 입장을
생각해 본 적 있나요

어쩌다 당신이 등을 쓰다듬으면
배알도 없이
금세 춤추는 꼬리,

당신을 사랑한 15년 세월
치사하고 서러운 날도 많았지만
멍멍거리는 내 눈동자는
여전히 그대를 쫓습니다

당신의 발끝을 돌던 내 마음
그걸 아시나요

오늘도
잠꼬대를 하며
속내를 흘리는 시추 빌

아버지를 만나다

비로소 아버지를 만났습니다

늘 곁에 있었지만
나는 아버지를 제대로 본 적이 없었습니다
묵묵함을 무관심으로
뒷모습에 숨겨진 체온을
나는 오랫동안 오해했습니다

아버지가 떠난 후에야
나는 물었습니다
왜 그렇게 무뚝뚝했는지
왜 늘 말없이 등을 내어주고
왜 당신은 한 번도
자신의 아픔을 말하지 않으셨는지

죽음은 이별이 아니라
진심을 듣는 시간입니다
말 없는 말들이
지금에서야 가슴 깊이 스며들어
눈물 속에서도 하얀 사랑이 됩니다

살아서는 미처 닿지 못했던
하늘, 아버지
이제야 조용히 듣고 있습니다
당신 침묵 속 사랑을

그 해 사월

연두빛 수채화로 번지는 산마루에
소녀의 수줍음처럼
진달래 꽃봉오리가 열리던 날

꽃이 된 할머니

할머니가 가신다는 기별을 받았는지
뻐꾸기, 뻐뻐꾹 숲을 흔들고
속살 드러낸 황톳빛 묘광에
산벚꽃이 먼저 누워
할머니를 기다렸다

하얀 명주 수의
황토빛으로 물들고
시집올 때 한 번 입었을
붉은 명정 위
씨간장으로 단아하게 쓴
'허인례'
그 한 생애가
하얀 꽃으로 지고 있다

화전을 부치던 화사한 봄날
내 기억을 잡고
옥양목 행주치마에
진달래꽃 가득 담아
떠나신 할머니

해마다 사월이면
풀빛 울음
한다발 진달래꽃으로
다시 오시는 할머니

세상의 끝에서 부는 바람

사그레스 바다,
이름조차 전설이 된 바다에서
파도는 나를 감싸 안았다
빛도 어둠도 분간되지 않는 그곳,
나는 아직 태어나지 않은 물결이었다

백 년 인연의 씨앗 하나,
홀씨처럼 자궁 속을 유영하며
어머니의 깊은 숨결을 들었다
세상은 아직 저만치 멀었고
나는 기억도, 시간도 없던
물속의 맥박이었다

어미는 말없이 세상을 들려주었다
삶은 기쁨과 슬픔이 뒤섞인 노래,
환희와 고통의 조각들이
차례로 나를 지나
나를 만들 것이라 했다

나는, 그 바다를 떠나
세상의 물가로 던져졌고
거친 날숨으로
처음 나 자신을 만났다

물결을 헤치며
눈물도 웃음도 배우던 시간들
그리 길지 않은, 그러나 무던한 여정
그 끝자락,
삶이 완경에 이르니
나는 다시 바다를 기억했다

모서리에 부딪힌 파도 끝,
엄마의 목소리가 스친다
짧고 선명한,
그러나 지워지지 않는 물결의 흔적이
다시 나를 부른다

어둠 속에서 벗어남이 두려운 것일까
아니면
빛에서 어둠 속으며 스며드는
그 조용한 사라짐이 더 두려운 것일까

내 안의 물은 여전히 출렁이고
그 바다는 아직 나를 부른다

*사그레스(Sagres) - 포르투갈의 영토로 대서양을 향해 돌출된 유럽 대륙 남서쪽 끝으로 거센 바람과 높이가 30m에 이르는 높은 파도와 석양이 아름다운 절벽

엄마의 젖냄새가 피어나는 저녁

초파일이면
엄마 속주머니
꼬깃꼬깃한 쌈짓돈은
붉은 등불이 되어
보름달이 되었다

그 어떤 꽃보다
향기로운 연꽃,
길게 늘어진 이름표를 단
뜨겁고 간절한 기도

자식은
엄마의 신앙이었다

정작
엄마 이름으로
환한 등 하나
밝혀드리지 못한
칠 남매

초파일 저녁
불빛 너머로
슬며시 피어나는
엄마의
젖냄새

침묵의 강

계수나무에 심은 말못하는 꽃봉오리
보고 싶다는 말조차 사치스러워
밤하늘에 캄캄한 말을 묻어버린 어미

연분홍 사과꽃 흩날리던 날
세 살 누나가
이쁘다며 덮어준 이불 속에
하늘이 무너진다

행여 딸이 들을까
바람 소리도 막은 스무 해

그립다, 생각조차 조심스러워
하얗게 굳어버린 독백
달빛만이 오래 머문다

56번 국도를 지나며

곡예 하듯
등 굽은 길
달빛 날개를 터는
산벚꽃

눈이 시리네

길게 줄을 서 기다리던
황탯국 집
비뚤어진 간판이
빈집을 지키고 있다

금 간 유리창 너머
누렇게 바랜 메뉴판
녹슨 가마솥
냉기 서늘한 허공에
밥상을 차려놓은 거미

황탯국을 맛있게 먹던
가녀린 그녀도
노을빛에 잠들고

그리워 찾아간
옛길 꽃눈
그것은, 눈물이었네

가슴에 숨은 꽃

책갈피 속에
잠들어 있는 아카시아꽃

짙은 향기로
달려가고픈 마음
애써 누르며
꼭꼭 눌러 담았던 것은
끝내 전하지 못한 말 한마디였으리

세월이 흘러도
꺼내지 못한 그 말은
망각의 강을 넘어
조용히 바스러진다.

허세

문인들과 술 자리
막걸리 두 잔에
깃털처럼 일어나는 허세

꽁꽁 눌러 두었던 허세
배시시 풀리자
헛웃음이 새어 나온다.

이쯤 되면
헛소리 한마디쯤 던질까
병뚜껑 다시 잠글까
애꿎은 파전 한 조각 뒤적이며
허기를 추스른다

사람 앞에서 쓴웃음도
삶이 씌운 가면
나도 모르게 웃으며
허세 속에 나를 숨긴다

술기운에 풀린 허세가
허공에 흩어지듯 사라질 때
문득 묻는다
네 허세
또한 나를 집어 삼킬까

한 경 시인의 시평

―

인간에 대한 깊은 성찰과
삶의 진실함에 대한 자성의 미학

인간에 대한 깊은 성찰과 삶의 진실함에 대한 자성의 미학

박 동규(문학평론가 서울대 명예교수)

한 경 시인은 웃으며 대화하는 시인이다. 그 웃음 뒤에는 자상한 인간미를 담고 있다. 그의 세 번째 시집 원고를 읽으면서 그 만의 시 세계를 찾아 변신하고 있다는 느낌이 들었다. 삼십 년 전 일이 생각났다. 삼십 년 전 나이아가라에 여름과 겨울 두 번을 갔었다. 여름에는 나이아가라 폭포 위 상류 쪽으로 올라갔다. 상류는 마치 평평한 개울물처럼 넓게 퍼져서 폭포로 흘러가고 있었다. 이와 달리 겨울은 날씨가 추워서 폭포에서 튀어 오른 물방울이 얼음이 되어 난간을 잡을 수가 없었다. 아래를 보니 하얀 눈과 얼음덩이가 흘러가고 있었다. 계절 따라 나이아가라는 다른 세상으로 바뀌고 있었다. 한 경 시인은 세계를 여행하면서 이처럼 지구의 다양한 사람과 풍물들을 소재로 시작(詩作)하고 있다. 이는 그가 지닌 새로운 세계를 찾아가는 작가정신에서 이루어진 것이라 하겠지만 그만의 독특한 지구 탐사적 여행이 가지고 있는 의미가 특별나다고 할 것이다. 계절에 따라 변하고 시각에 따라 달라지는 변화를 아울러 살펴보는 듯한 그의 탐구심은 그가 즐겨 사용하는 시의 소재에 그치지 않고 시가 지닌 본연의 의미체를 새롭게 변형하는 힘이 되는 부지런한 시인이라고 할 것이다. 이런 관점에서 그의 시편들을 만나고자 한다

1. 인간을 바라보는 정감어린 눈과 사막의 건조하고 순결한 감동

 한 경 시인은 거실에 꽂혀있는 화반의 꽃을 보는 것보다 는 낯설고 황망한 사막에 찾아가 현장에서 느끼는 그의 감성을 시로 형상화하는 것을 자주 볼 수 있다. 아프리카 에티오피아에 있는 다나킬 사막에서 느낀 그의 개성적인 성향은 한 시인의 전형적 시 정신의 한 표상으로 보인다. 다음의 시를 보자

 심장보다 뜨거운 공기
 검게 굳은 용암 속
 아직도 붉은 숨을 토해내며
 뛰는 맥박

 풀빛마저 증발한 검은 사막 위로
 소금기 어린 바람과
 유황 숨결이 환각처럼 스며든다

 태양 아래 몸을 웅크린
 날숨 같은 집들
 가슴을 조여오는 열기 속에
 삶의 가장자리에서 버틴다.

 용암 가시는
 발끝마다 검은 꽃을 새기고

 빵 냄새를 쫓아

맨발로 달려오는 아이들
우리가 건넨 한 조각의 빵을
한 생의 전부처럼 움켜쥔다

낙타는
소금 벽돌을 등에 지고
끝없는 사막을 묵묵히 헤쳐간다

이곳에서는
노을마저 죽음의 온도에 매달려 있다.

'다나킬 사막, 검은 숨'전문

  이 시의 대상이 된 다나킬 사막은 아파르 삼각지대이다. 시인은 이 사막에 살고 있는 이들을 보고 있다. '풀빛마저 증발한 사막'에 바람과 소금 그리고 검게 식은 용암 사막에서 사는 이들을 보여준다. 동물 우리 같은 집에서 아이들은 관광객들이 던져주는 빵 몇 조각을 얻기 위해 맨발로 달려온다. 이들을 보면서 '용암 가시는 발끝마다 검은 꽃을 새기고'라며 아픔을 꽃으로 치환한다. 그리고 소금 벽돌을 지고 사막을 건너가는 장면을 제시한다. 그는 이 시에서 붉게 타는 노을의 황홀함 속에서 '삶과 죽음'의 형상을 함께 보며 노을을 삶과 죽음의 공존적 얼굴에 맞추고 있다. 한 시인에게는 '노을의 황홀함'과 허기진 배를 안고 맨발로 달려가는 아이의 삶은 같은 시간안의 현실이며 '낙타가 소금벽돌을 지고 가는 광경은 이들의 총체적 삶의 상징성을 지닌 것으로 그려진다. 한 경시인의 시는 바로 이와 같은 자연과 인간의 어울림에서 느껴지는 심정적 반응을 진실하게

드러내는 것이 특징이다. 다음의 시를 보자

  튀르키예 에페소 유적 사이
  작은 돌 관 가득 피어
  흔들리는 양귀비꽃
  아이는
  휘파람 소리가 되어
  멀리 날아가고

  차마 자식을 묻고 떠나지 못한
  어미
  양귀비꽃이 되어
  이천 년을 기다린다
  바람에 밀려온
  하얀 나비 한 마리
  살그머니 양귀비꽃에
  안기는 해 질 녘

  붉게 물드는
  묘비명의 긴 그림자

'작은 돌무덤' 전문

이 시는 한 시인이 보게 된 폐허의 자리에 남겨진 유적에 주목하고 있다. 튀르키예 셀축 근처 화려했던 유적 사이 돌무덤들이 폐허로 남아있는 것을 형상화했다. 이 시는 이천년의 세월이 흐른 지금, 무덤이었던 돌관 속에 가득 피어나 바람에 흔들리는 양귀비꽃을 의미축으로 하고 있다. 이 무덤의 주인이 되는 아이는 이천년전 관에 묻혀져 이제는 바람소리를 따라 날아가고, 양귀비꽃만 빨갛게 흔들리고 있다며 마치 떠나간 아이가 찾아와 황혼의 양귀비 꽃에 안기고 있다고 말한다. 시인이 서정적 감성을 담아 상상으로 만든 묘지는 바로 그의 표현을 빌리자면 '묘비명의 그림자'이며 이 그림자는 아이에 대한 애상적 환상과 세월의 흐름에 젖어 있는 황혼빛 역사의 그림자이다. 한 시인은 아이의 관에 핀 양귀비꽃을 통해 역사가 만들어낸 애상적 깊은 슬픔을 찾아낸다. 시인에게는 역사의 사실적 사건을 벗어나서 아이의 주검에 핀 양귀비꽃과 나비가 대상이 된 것이 그의 시적 소득이라고 할 것이다. 다음의 시를 보자

   야자나무 사이로 보이는
   흙벽돌의 낮은 집들
   수천 년 숨결을 이어
   여전히 강가에서 빨래히는 아낙네들

   하늘이 내려주신 옥토에 씨를 뿌리고
   가족들 배부르면 그저 행복한 촌부
   오늘도 작은 배 저어
   강물 속 은빛 고기를 건져 올린다

   문명을 꽃피우며
   수만 년을 유유히 흐르는 나일강과 함께
   성쇠의 파도를 넘어간 왕조들

왕의 이름을 알지 못한들 어떠리

살아 꿈틀대는
아낙네의 방망이 소리
아이들 웃음소리에

툭, 떨어지는 야자열매 하나
'나일강변의 풍경' 전문

    시인이 본 나일강의 풍경은 몇 가지 상징적 형상을 가지고 있다. 그 중에서 '강가에서 빨래하는 아낙네'다. 이 아낙네는 나일강변에서 몇 천년을 대대로 살아온 여인들의 삶을 이 시대에서도 그대로 간직한 문화적 세습의 상징성을 적실하게 보여주는 시적 상징물이다. 시인은 이 상징물을 통해서 나일강가에 의지하고 살아오며 일군 문명발달의 역사를 근원적으로 이어가는 역사이고 또 다음은 이 아낙네와 사는 촌부이다. 이 촌부는 하늘이 내려준 옥토에 숙명처럼 씨를 뿌리고 강에 나가 은빛 고기를 건져 올리며 산다. 이는 왕조의 흐름과는 거리가 먼 강물의 흐름과 같은 삶을 말해준다. 그들은 이름 없는 존재이지만 그 익명성 속에 문명보다 오래된 생명의 지속성이 깃들어 있음을 간파한다. 그 시선이 바로 이 작품의 인간적, 철학적 온도이다. 길고 긴 나일강이 품고 흘러온 거대한 문명의 역사, 이러한 긴 역사를 대하면서도 시인에게 다가오는 시간의 개념은 결국 하나의 야자 열매가 툭, 덜어지는 순간으로 집약되어 있다. '살아 꿈틀대는 아낙네의 방망이 소리 아이들 웃음소리'는 시 전체를 관통하는 생명적 리듬으로 나일강의 흐름과 포개어진다. 이 집약은 변함이 없음과 시간이 하나의 축약으로 자리 하고 있음을 표현하는 시적 고백이다. 시인의 감성은 그가 시 안에 내포하고 싶어하는 인간 생명의 유한성과 삶의 연속성에 대한 회한 적 고백도 되는 것이라 하겠다. 다음의 시를 보자

    어둠이 묻으면
    그의 검은 얼굴은 찾을 수 없을 것이다

    도도한 눈빛
    그 서늘한 눈을 감는다면

    화보에서 막 걸어 나온 듯
    강렬한 자태

    레게머리에
    화려한 문양의 낡은 원피스
    귀고리로 꽂은 옷핀과
    빨간 실 목걸이와 스카프
    유난히 두툼한 입술의 아이

    사진을 찍으라며 얼굴을 들이밀고
    give me을 외치는 무리
    한 발 뒤, 부동자세로 서 있는 소녀

    그 눈빛과 마주한 순간
    내 손이 조용히 멈추었다

몇 푼 동전이
그 자존심을 해치지 않기를

엉겁결에 남은 사진 속
깊은 우물 같은 우수
알 수 없는 슬픔의 무게로
끝내 사라지지 않는
한 점의 눈빛

'매켈레에서 만난 소녀' 전문

   이 시에서 주목해 볼 점은 시인이 본 한 소녀의 모습이다. 이 소녀는 가난한 아프리카에서 살아가고 있다. 그가 여행 중에 만난 소녀는 그에게 그 지역에서 만난 인간의 축소형이라고 할 수도 있다. 그러기에 이 소녀에 대한 진정어린 따뜻한 마음은 시인이 이들 지역에 살고 있는 사람들에 대한 그의 인상적 표징이며 이 시를 통해 소녀와 함께 살고 있는 이들에 대한 연민의 눈길이라고 할 수 있다. 흔히 우리는 어느나라의 빈곤한 모습을 그 나라에 살아가고 있는 어느 얼굴로 정형화하여 보여주는 경우를 볼 때가 있다. 그렇지만 한 시인은 단순한 한 소녀가 짊어지고 살아가는 사람의 어려움에 동감하며 연민의 마음을 한 소녀에 국한하고 있는 점이 시적 감흥을 낳게 하는 힘이 된다. 이를 보여주기 위해 시인은 소녀에게 세밀한 표현의 형상을 그려내고 있다. 많은 아이가 모여서 'give me'를 외치는 혼잡스러운 무리 뒤에 혼자 부동의 자세로 서 있는 소녀를 발견하고 그에게 특별히 몇 푼의 동전을 준다. 그리고 시인은 이 몇 푼의 동전이 소녀의 자존심을 상하지 않기를 기원한다. 어찌

보면 이 장면은 시의 문법보다는 산문적 서술의 한 토막처럼 느껴지기도 하지만 그가 찍은 사진 속의 인물을 보면서 '깊은 우물 같은 우수'의 눈빛은 은유적 의미를 지니고 있고 '끝내 사라지지 않는 한 점 눈빛'은 소녀에 대한 기억의 순간이 지니는 의미를 밝혀주고 있다. 이와 같이 한 시인은 한 인간이 주는 서정적 의미를 자신의 감성적 반응에 솔직하게 매달려 이를 형상화하고 있다. 이 점이 한 시인이 모든 사회적 여건을 만드는 주변 환경에 의존하는 인간을 보지 않고 한 소녀만을 주목해 보는 이유가 될 것이다.

2. 사물의 형상과 그 의미의 그림자

한 시인은 자연에 던져진 사물을 가슴 가득 껴안고 그와 살아가며 삶의 아름다운 교섭을 나누는 시편들을 보여준다. 그와 마주하는 사물이 어떤 인연의 자리에 놓여 있는가를 살펴보면서 이를 시의 세계로 변용하여 보여주고 있다. 다음의 시를 보자

닫힌 창문 틈으로
한 줄기 바람이 스며든다

움켜쥔 손끝이
슬며시 풀린다
 한때는 눈부셨던 약속도
그저 흩어지는 먼지일 뿐

가만히
내 안의 울음을 들여다본다
소리 없는 눈발처럼
내려앉는 감정들

바람은
그 모든 것을 헤집지 않고
살짝 흔들어 놓고
떠났다

지금
나는 그 여백의 바람 속에
서 있다

'겨울바람' 전문

이 시는 그가 쓴 몇 편의 겨울을 주제로 한 시중에 있다. 한 시인이 겨울을 대상으로 한 시편들은 대체로 서정적 자아가 느끼는 삶의 애달픈 심정의 정조(情調)를 담고 있다. 이 시에서 화자는 '나'이다. 겨울 바람은 '내 안의 울음을 들여다본다.' 나 역시 고향에 갔을 때의 일들이 생생하게 살아있다. 내가 어린 날 고향에 가면 큰 개천에는 항상 바람이 불어왔고 잎이 다 떨어진 미루나무들이 열병식 하듯 개천가에 쭉 늘어서 있었다. 그런데 이 나무들은 긴 역삼각형처럼 마른 가지들이 한쪽으로 쏠려 있었다. 바람때문이었다. 나는 이 개천 마른 바닥 돌들을 밟고 지나가는 것이 겁이 났다. 바람에 미끄러질 것 같아서 그리고 상한 가지가 흔들리는 것이 무척 안쓰러웠다. 한 시인도

마찬가지이다. 이 시의 화자인 나도 한 줄기 바람이 지나가고 지나간 날의 '눈부셨던 약속'들이 '흩어지는 먼지'처럼 멀리 날아가 버린다. 그 빈 속에 소리 없는 눈발처럼 '내 안의 울음'이 번진다. 그러나 겨울바람은 이제는 헤집고 가기보다는 '살짝' 흔들어 놓고 간다. 이 흔들어 놓은 곳 한 여백에 놓여 있는 나를 발견한다. 이 시의 내용 속에서 여백이야말로 시인이 느끼는 겨울이 주는 외로움 아니면 눈발이 가져다준 조용한 평안일 수 있다. 따라서 이 시는 겨울바람이 지나가는 마음 한쪽의 고적감을 보여주는 것이라고 할 수 있다. 다음의 시를 보자

  봄바람 일렁이는 유채밭
  노란 머리 풀어 흩으니
  햇살 속 번지는 은은한 분내
  그 향기에 흠뻑 취한 노랑나비

  나비 날갯짓, 햇빛을 부서뜨리고
  멀리서 꾀꼬리 소리 한 줄기 날아와
  섬의 봄 귀를 깨운다

  더러는 산으로
  더러는 바다로
  이별을 실은 바람은
  유채꽃 향기를 등에 업고
  지평선 넘어
  봄빛 속에 잠긴다

'유채꽃' 전문

이 시는 한 경 시인의 특유한 시적 형상을 보여주고 있다. 제목은 유채꽃이다. 그러나 유채꽃은 향기로 존재한다. 이 향기를 따라 번지는 봄의 율동을 보여주고 있다. 노랑나비는 햇살 속에 번지는 유채꽃의 분내에 현혹당하고 있다. 꾀꼬리는 파도를 타고 넘어와 섬의 봄을 깨운다. 이 유채꽃밭의 아득한 지평선 너머로 봄빛이 잠겨있다. 이 시가 보여주는 정경이다. 이 시에서 주목해 볼 점은 봄이 유채꽃의 향기에 내려앉아 있다는 시인의 관점이다. 한 시인은 유채꽃의 이미지만으로 봄과 다른 사물을 연결하고 있다. 이러한 한 시인의 시각은 사물의 내재적 의미를 마치 거미줄처럼 연결하여 새롭고 환상적인 봄을 그려내고 있다. 이는 봄과 유채꽃의 단순한 정서가 아니라 유동하는 봄의 향취를 번지게 하여 봄이 주는 환각적 아름다움을 확장하려 하고 있는 것이다. 다음의 시를 보자

이글거리는 햇알 삼키며
여름내 가슴앓이한 세월

행여 바람이 시샘할까
진홍빛 치마폭에 고이 감싸
밤이슬 맞으며 지켜낸 모정

깊어가는 가을밤
더는 숨길 수 없어
살며시 달빛 아래 드리낸 속살

한 생애를 사른
　　투명한 사리들

　　　　　　　　　　　　　　　　'석류' 전문

　한 시인은 서정시인의 본류에 자리 잡고 있다. 이 '석류'는 그가 원하는 서정적 자아의 한 형상을 석류에서 찾아내고 있다. 그가 바라는 삶의 정수(精髓)를 밝혀놓았다. 이는 한 여름을 지나 정성스레 석류를 자라게 한 힘을 모정의 품으로 설정하고 있다. 그래서 깊어가는 가을밤 어쩔 수 없이 드러내게 된 속살은 투명한 사리로 의미가 집약된다. 시인에게는 어머니의 품에서 순결하게 자란 딸을 키워온 정성이 석류 알인 사리로 큰 것이다. 이 시의 오묘한 의미의 암시는 속살이다. 누구에게도 보여줄 수 없는 그만의 내재한 꿈의 실체이고 모정의 전부이다. 다음의 시를 보자

　　콩콩 뛰는 가슴, 숨소리 죽이며
　　아무리 기다려도
　　술래는 찾으러 오지 않았다

　　제풀에 지쳐
　　짚단에서 살며시 나와 보니
　　친구들은 다 집으로 돌아가고
　　어둑한 골목에

울음도 잊은, 내 그림자 하나

그 막막한 두려움이 활처럼 꽂힌 유년
땅거미 지는 골목은 여전히 가슴 저리다

텅 빈 골목,
울지도 못하고
홀로 서 있는
그날의 나를 가끔 만난다

'술래잡기' 전문

    이 시는 자아에 관한 성찰을 감추어진 주제로 하고 있다. 어떤 날 아침 거울 앞에 서서 나를 보면서 깜짝 놀라 멍하게 거울 안의 나를 쳐다보게 된다. 내가 익숙하게 익혀온 내 얼굴이 아니라 전혀 다른 어떤 늙은이의 얼굴을 보게 된다. 이 얼굴은 한없이 늙었고 주름은 마치 나무껍질처럼 세월의 풍파를 겪고 있어 내가 아닌 다른 이가 되어 있는 것이다. 이는 자아와 대자아(對自我) 사이에 빚어지는 인식의 한 형식으로 새로운 자아가 눈앞에 나타날 때면 서정적 자아가 회상 회로에 생기는 경우가 많다. 이 시의 화자 역시 술래가 찾지 못하게 공포와 두려움을 감내하며 마음 한 편으로는 술래가 찾아주기를 기다리며 숨어 있다. 아무리 기다려도 찾아오지 않자 제 발로 짚단에서 나와보니 놀이를 하던 친구들도, 술래도 다 집으로 가버리고 혼자 골목 서있는 전혀 기대하지 않은 상황에 직면한다. 그리고 그들로 해서 스스로 왜곡된 자리에 던져져 있는 자신을 발견하게 된다. 잘못한 것 없이 순진하게 법칙을 잘 지켰을 뿐인데 혼자 남겨진 것이다. 이 시에서 '텅 빈 골목'에서 홀로 인간에게 소외당하는 듯한, 아니면 야박하게 그를 버려두는 사람들 앞에서 스스로를 자성하게 하는 세상에 던져진 자신을 발견하게 된다.

한 시인의 시에서의 '자아'는 사물 앞에서 마치 거울처럼 자신을 돌아보게 하는 것으로 형상되어 있다. 매몰되어 버릴 수 있는 자아를 다시 발견하게 하는 것이 그가 시를 쓰는 이유일 수 있다.

3. 숯불을 지피는 저녁과 벽시계의 상징성

한 시인은 자연을 삶의 동반자적 자리에 놓고 마치 화폭에 그림을 그리고 그 안에 자기 삶과 정신을 녹여 섞어놓는 듯한 시를 보여준다. 그는 현실을 벗어나 몽상가라기보다는 현실 안에서 꿈을 꾸는 구도자적 자세를 보여준다. 다음의 시를 보자

마음 한 자락 데우듯
조용한 숨결로 타오르다
문득, 신음처럼 튀는 불씨

붉은 기척이 번질 때
허기마저 품은 불꽃 하나
꽃처럼 피어나다
이내 사그라든다

사랑은, 그렇게
뜨겁고도 짧다

영원할 것 같은 열기조차
한 자락 바람에 흔들리고
끝내 재가 되는 불꽃

사랑도 딱 그만큼만 꽃 피우고
잿빛 여운으로 맴돈다

누구도
막을 수 없는 돌아섬

어쩌면 그 여운 속 어딘가
다시 피어날 불씨 하나
숨 쉬고 있을지도 모른다

'숯불 지피는 저녁' 전문

  이 시의 숨은 주제는 사라지지 않는 사랑이다. 흔히 불꽃 같은 사랑이라고 해서 뜨겁게 타오르지만 결국 사라지고 마는 어느 사랑의 유형을 시인은 그려내고 있다. 그런 연유에서 저녁 하늘 붉게 타오르다 가라앉는 태양의 불씨를 대상으로 투사(投射)의 시작 기법으로 '사랑은 그렇게 뜨겁고 짧다'라는 서정적 자아가 느끼고 있는 화자의 마음을 제시한다. 마음에서 영원할 것 같은 열기가 사라지고 한 자락 바람에 흔들리며 끝내 재가 되는 불꽃의 순간성을 안타까워하며 시인은 새로운 여운이 주는 어떤 기대를 화자를 통해 염원하고 있다. 한 시인은 진실의 소멸을 믿고 싶지 않은 마음처럼 사랑의 소멸을 믿지 않는 마음을 이 시에서 보여주고 싶어 한 것이라 여겨진다.

4. 현실 혹은 오늘과 내일을 향한 의지

한 시인은 다정하고 내성적인 휴머니스트로 보이는 시적 성향을 보인다. 그가 지닌 시정신은 항상 대상에서 얻은 마음의 반응은 자아라는 존재와 연관하고 그리고 이 상관 속에서 대상을 해석하려는 포용성을 가진 시인이라고 할 수 있다. 다음의 시를 보자

무엇을 버리고
무엇을 쥐고 있어야 하는지
카드를 손에 쥔 채
패조차 읽지 못하는 사람들

그림과 숫자의 오묘한 조합
낱장 사이에 수 없는 갈등

오만하거나
무지하거나
착각했거나
그저 운이 없었거나

한번 내려놓은 것은
다시 집을 수 없다

내가 받은 패
단 한 번도 들춰본 적 없는데
판을 뒤집을 조커를 기다리며
여전히 게임 중이다

꿈인가, 현실인가
오늘도 무심히
손끝이 먼저 결정을 내렸다

'카드게임' 전문

  이 시는 현실적인 삶에서 아무런 생각 없이 결정을 내리고 하루하루를 살아갈 때가 있음을 그리고 있다. 한 시인의 시에서는 참으로 예외적 내용을 우리의 삶 속에 잘 투영한다. 자세히 읽어보면 우리가 살아가는 현실은 이지적 혹은 포괄적 사유의 과정을 거치지 않고 마치 습관처럼 의사 결정을 할 때가 많음을 일깨운다. 무심코 한 결정에 따라 길이 달라질 수도 있는 일상의 행동들, 시인은 그래서 후회도 하고 회한도 있음을 그린다. 시인은 이러한 현실 생활에서 겪게 되는 순간적 결정이 주는 허망함을 안타까워하고 있다. 다음의 시를 보자

여름 더위 스미자
냉장고 속 유통기한이 짧아진다
오늘이 마지막 날인
작은 컵 속 요구르트들

숨 쉬던 병들이
쓰레기봉투로 이사 간다 하니

어느 시인이 말했다
숨 멎은 사람은
세상 목록에서
가장 먼저 지워야 하는 이름이라고

그 옆 시인이 물었다
사랑의 유효기간은 언제까지일까
이별을 통보한 순간일까
아니면
마지막 목소리가 사라진 뒤에도
혀끝에 남은
그 쓴맛까지일까?

'유효기간' 전문

    인간은 사람 속에 어떤 체험을 생각할 때가 있다. 이는 삶에 대한 회의 아니면 허무라는 어떤 절망의 세계에 대해 그가 겪은 체험의 세계가 주는 압박을 어떻게 해석해야 하느냐의 문제에 봉착한다. 시인은 이러한 순간을 시의 소재로 불러왔다. 이런 문제의 하나가 '유효기간'이다. 실제로 의식의 창고에 갇혀 있는 체험은 무의식의 상태에서 먼지처럼 떠다니고 있다. 그러다가 마치 방 안에 한줄기 빛이 흘러들면 이 빛줄기에 먼지의 흩날림이 보일 때가 있다. 이처럼 무의식의 세계에서 하나의 홈통으로 체험의 인자들이 굴러 나오게 되고 이를 기억에 떠올리게 된다. 그러나 이 기억은 꼭 유효기간이 있는 것은 아니다. 이 유효기간이 사랑을 말하는 경우 참으로 어렵다. 그러나 이 구절의 목적은 오히려 사랑이 지닌 쓴맛을 본질이라고 하는 시인의 감성적 결론이라 할 것이다. 이러한 메커니즘은 오히려 체험적 공간에 들어있는 사랑의 의미를 해독하는 이의 무게에 따라 달라질 수 있다. 한 시인의 시에서 유효기간은 사랑을 잊지 못하는 것임을 말하는 역설적 접근법이라고 보인다. 그러기에 그는 깊은 사랑의 고뇌야말로 유효기간이 없는 영원한 사랑의 본질적 형상이라고 하는 것이다. 다음의 시를 보자

설쇠러 할머니 댁에 가는 날
하늘이 구멍이 난 듯
쏟아지는 눈발에
사라진 길을 더듬었다

여덟 살,
푹푹 빠지던 발자국은
너무 짧고, 너무 깊었다

아버지 등에 업혀

솜옷 뒤집어쓰고 걷던
이십 리 눈길

아버지 머리 위에
고깔처럼 쌓이던 눈
아버지의 가쁜 숨소리

추억을 불러내는 함박눈

하얀 눈은
아버지의 따스한 등이자
이별이었다

아버지가 떠나신 날도
함박눈이 내렸다

'하얀 이불' 전문

 이 시는 아버지에 대한 추억을 그리고 있다. 그가 그린 아버지는 눈 내리는 날 이십 리 길을 아버지 등에 업혀 걸었던 따뜻한 기억이다. 한 시인은 아버지의 따뜻한 등을 기억하고 그것은 그가 평생 살아온 삶에 대한 회고이자 그가 평생 바라던 삶의 지표가 아닌가 생각한다. 한 시인이 항상 새로운 세계와 마주하는 놀라움은 경치에 머물지 않고 인간의 발견으로 이어져 있다. 그리고 그는 항상 자아와 타자와의 관계에서 자아의 내면을 살펴보는 속이 깊은 창작 정신을 하고 있어서 그의 시는 감동적이다. 그의 이번 시집에서 그가 겪어온 시 세계의 흐름이 휴머니즘의 포용적 정신으로 서정의 진실함을 추구하려는 의지를 가지고 있음을 본다. 한경 시인, 시 세계에는 언제나 시간의 근원과 존재의 흔적을 추적하는 시선이 흐른다. 그의 시가 한국시에서 새로운 따뜻한 마음의 그림으로 자리 잡기를 기대한다.

한경 시 평설

상실과 침묵의 시적 형상화
-한경 작품을 중심으로

김경수 (시인, 문학평론가)

> 사람은 누구나 잊히는 것을 두려워하면서도
> 결국 잊히기 위해 사라져가는 존재인지도 모릅니다
> 이 시들은 사라짐의 풍경을 붙잡고 싶은
> 한 사람의 마음입니다
> 때로는 말하지 못한 마음이었고,
> 때로는 바라보는 것조차 아파서 외면한 얼굴이었으며,
> 때로는 늙어가는 손끝에 서린 삶의 무늬였습니다.
> ㅡ한경의 작가 노트 일부

1. 들어가면서

대부분의 시(詩)독자들은 아름다운 삶의 본질이나 자연을 읊은 서정적 내용의 시를 사회헌실이나, 현상을 노래한 시보다 더 선호한다는 내용의 조사를 오래전에 신문기사를 통해 읽은 적이 있다. 어렵고 난해한 시 보다는 어느 누가 감상해도 마음에 감동이나 메시지를 느낄 수 있는, 즉 비교적 일상생활에서 가까이 접하는 쉬운 언어를 통해 명상의 시간을 갖는 것이 더 좋다는 이야기 일 듯싶다.

시는 삶의 진솔함에서 감동할 수 있어야 한다. 시가 외롭지 않기 위해서는 무엇보다도 삶의 소중한 체험을 아름답거나 진솔한 언어로 내면의 세계를 객관적 측면으로 내놨을 때 그것이 자연이든 인간이든 또 다른 어떤 사물이든 간에 언제나 마르지

않는 창작의 샘물이 솟아난다고 할 수도 있을 것이다
　이처럼 세월의 흐름 속에서 생명의 상실과 침묵의 언어를 시적 형상화를 통해 자연스러운 감동을 보여 주는 시인이 한경 작가이다. 그는 자신의 삶 속에 깊이 내재 되어 있는 여러 가지 시점들을 끄집어내어 각기 다른 시선으로 응시해 유기적인 관계를 발견하고, 그것들을 통해 상실의 아픔을 존재와 생명의 영원성으로 승화시키려고 노력하고 있다.
　그가 바라보는 시간은 사라짐의 풍경을 붙잡고 싶은 눈이다. 인간과 자연과 사물의 내면을 심도 있게 들여다보는 심미안이 있는 작가이다. 자신의 내면을 통해 새로운 의미로 변화하고자 하는 물음인 것이다.
　한경 작가는 시적 내면이 깊은 맑은 성격을 가진 시인이자 수필가이다. 또한 많은 곳을 여행하며 체험한 소재들을 글로 가꾸는 여행작가로 활발하게 활동하고 있다. 중견 작가로 그 인품과 명성이 자자하다.
　그러면 서서히 그의 작품을 감상해 보도록 하자.

2. 상실과 침묵의 언어

　이번에 다뤄질 한경 시인의 다섯 편 중 세 편의 시들은 그의 시작 노트에서도 나타난 것처럼 '이 시들은 떠나간 것들, 말하지 못한 것들, 잊혔지만 남은 것들을 조용히 끌어안고 바라보는 기록입니다.' (한경의 '작가 노트'에서) 즉, 공통된 정서인 '상실'과 '침묵'이라는 주제를 다루고 있다고 보여진다. 그렇지만 작품의 표현은 각기 다른 방식으로 그 깊이를 나타내고 있음도 보여주고 있다. 세 편의 시를 먼저 감상해 보자.
　먼저 그의 시 〈겨울 강〉의 전문을 보도록 하자

작은 미풍에도
몸을 흔들며
삶의 무늬를 그리던 강물이
입을 꼭 다문 채
띠를 둘러 상처를 감싸고 있다

무수히 흘러간 인연들은
바다에 잘 닿았는지 기별조차 없다

햇살이 눈발을 비집지 못한
수묵화 같은 겨울 한낮
겨우
배꼽만 남은 숨골로 침묵하는
겨울이 흐르고 있다

세찬 눈바람이
실눈을 떠
맨발로 강을 건너간다.
-〈겨울 강〉 전문

위 시 〈겨울 강〉은 작품의 짜임새가 돋보이며, 상실과 침묵의 풍경을 시각적으로 잘 그려내고 있다. "작은 미풍에도/몸을 흔들며/ 삶의 무늬를 그리던"(1연 1~3행)은 과거의 활기찬 강물은, 이제 "입을 꼭 다문 채"(-겨울 강 1연 4행) 얼어붙은 모습으로 변하는 모습을, 이어진 행에서는 강물의 얼음이 "띠를 둘러 상처를 감싸고 있다"(1연 5행) 는 표현으로 강물이 겪고 있는 내면의 고통을 외적으로 드러내는 동시에, 그 상처를 애써 감추려는 모습을 보여주고 있다. "무수히 흘러간 인연"(2연 1행)이 "바다에 잘 닿았는지 기별조차 없다."(2연 1행)는 구절은 과거의 수많은 관계와 헤어진 이들에 대한 그리움과 함께, 그들이 소식 없이 사라져 버린 데서 오는 외로움을 드러낸 것으로 보인다. 강물처럼 흘러갔던 인연들 역시 겨울 강처럼 멈춰 서 있는 듯한 느낌을 주고 있다. "햇살이 눈발을 비집지 못한/수묵화 같은 겨울 한낮"(3연 1, 2행)이라는 시각적 이미지는 시 전체에 쓸쓸하고 고요한 분위기를 더하고 있다.

"겨우/배꼽만 남은 숨골로 침묵하는/겨울"(3연 3~5행)이라는 표현은 생명력이 거의 소진된 상태에서 겨우 숨만 쉬고 있는 듯한 절박함을 잘 보여주는 대목으로 강물의 완전한 정지 상태 속에서도 미약하게나마 흐르는, 즉 삶의 흔적만 남아 있음을 암시하고 있다. 마지막 연의 "세찬 눈바람이/실눈을 떠/맨발로 강을 건너간다."(4연) 는 시적 상상력이 풍부하며, 겨울의 혹독함과 강인함을 동시에 느끼게 한다. 이는 얼어붙은 강이 곧 화자의 마음이며, 그 위를 맨발로 건너는 것은 상실의 고통을 온전히 감내하고 있는 모습을 비유적으로 보여주는 것으로 해석할 수 있다. 겨울 강의 모습을 단순히 묘사하는 데 그치지 않고, 그 속에 담긴 깊은 의미를 효과적으로 전달하고 있음을 보여주고 있으며, 군더더기 없이 간결하면서도 여운이 깊은 완성도가 높은 시이다.

서로
모호한 감정에 젖어 들던
젊은 날의 초상화
비와 눈, 그 사이의 행간

누구는 비라 하고

누구는 눈이라 하는
엇갈린 감정의 파문들

비 너머 어디쯤에서 눈이 될까
눈 너머 어디쯤에서 비가 될까
서로에게 선명하지 못한 채
우리는 결국
진눈깨비였을까

〈진눈깨비의 변〉 전문

〈진눈깨비의 변〉은 '비'와 '눈'의 경계에 있는 '진눈깨비'를 통해 인간관계의 모호하고 불확실한 감정을 섬세하게 탐색하고 있다. "서로/모호한 감정에 젖어 들던/ 젊은 날의 초상화"(1연 1~3행)는 뚜렷이 정의할 수 없었던 과거의 한때를 회상하게 하는 내용이다. '비와 눈, 그 사이의 행간'이라는 표현은 사랑인지 우정인지, 혹은 이별인지 미련인지 명확하게 구분되지 않았던 감정의 상태를 은유적으로 보여주고 있다고 볼 수 있다.

"누구는 비라 하고/ 누구는 눈이라 하는/ 엇갈린 감정의 파문들"(2연)은 한 관계를 두고 사람들의 생각이 각기 다를 수 있음을 시사한다. 그리고 화자 자신조차 그 감정의 정체를 명확히 규정하지 못했음을 드러내는 표현으로 보여진다. 비가 눈이 되고, 눈이 비가 되는 그 모호한 경계에서 화자는 "우리는 결국/진눈깨비였을까"(3연 4, 5행)라고 자문하고 있는데, 이는 '선명하지 못한 채' 흘러갔던 관계의 본질이, 결국 진눈깨비처럼 어느 한쪽으로도 온전히 속하지 못하는 불완전한 상태였음을 보여주고 있다. 이 시는 지나간 관계에 대한 성찰과 함께, 화자가 미처 명명하지 못했던 감정의 정체를 뒤늦게 깨닫는 아련한 슬픔을 담고 있음이다. 시상의 전개가 매끄럽고 일관성을 유지하고 있어 완성도가 높은 작품이다.

다음 시 〈침묵의 강〉을 보도록 하자

말 못 하는 꽃봉오리
보고 싶다는 말조차 사치스러워
밤하늘에 캄캄한 말을 묻어버린 어미

연분홍 사과꽃 흩날리던 날
세 살 누나가
이쁘다고 덮어준 이불에
하늘이 무너진다

행여 딸이 들을까
바람 소리도 막은 20년

그립다, 생각조차 조심스러워
하얗게 굳어버린 독백

〈침묵의 강〉 전문

위 시 〈침묵의 강〉은 상실로 인한 깊은 침묵과 그 속에 감춰진 절절한 그리움을 다루고 있다. "말 못 하는 꽃봉오리"(1연 1행)와 "보고 싶다는 말조차 사치스러워/밤하늘에 캄캄한 말을 묻어버린 어미"(1연 2, 3행)는 침묵은 자발적인 선택이 아닌, 말할 수 없는 아픔 때문에 생긴 것임을 보여주는 대목으로 보여진다. '침묵'이라는 행위 자체가 곧 상실의 무게를 짊어지고 있는 모습으로 보여진다. 시의 핵심은 "연분홍 사과꽃 흩날리던 날/세 살 누나가 이쁘다고 덮어준 이불에/하늘이 무너진다"(2연) 라는 내용에 담겨 있다고 볼 수 있다. 이 내용은 어린 누나의 죽음이라는 비극적인 사건을 암시하고 있는데, "이쁘다고 덮어준 이불"(2연 3행)이라는 순수한 행동이 "하늘이 무너진다"(2연 4행)는 절망적인 상황과 대조를 이루며 슬픔의 깊이를 더욱 강조하고 있기에 화자의 그리움의 깊이를 절절하게 드러내고 있다 할 것이다.

이후 20년간 이어진 "바람 소리도 막은" 침묵은, 행여 말이 들을까 조심스러워하는 어미의 고통과 그리움을 상징한다. "그립다, 생각조차 조심스러워/하얗게 굳어버린 독백"(4연)은 침묵의 정체가 단순한 말이 없는 상태가 아니라, 너무나 강렬한 그리움 때문에 차마 입 밖으로 내지 못하고 굳어져 버린 마음의 소리임을 보여주는 대목이다. 침묵은 곧 '침묵의 강'처럼 깊고 거대한 슬픔의 흐름이었던 것입니다. 이 시는 말로 표현할 수 없는 상실의 고통이 어떻게 삶 전체를 덮어버리는지, 그리고 그 침묵 속에 얼마나 뜨거운 그리움이 숨 쉬고 있는지를 보여주며 먹먹한 울림을 주는 시이다.

이처럼 한경 시인은 위 세 편의 시에서 상실과 그에 따른 침묵이라는 공통된 정서를 다루고 있다. 〈겨울 강〉이 굳어버린 자연을 통해 상실의 외롭고 정서적인 풍경을 그렸다면, 〈진눈깨비의 변〉은 모호했던 관계의 본질을 깨닫고 소통하려는 화자 내면의 성찰을 보여 준다. 〈침묵의 강〉은 차마 입 밖에 내지 못하고 가슴에 묻어버린 절절한 그리움의 깊이를 잘 표출한 작품으로 보여진다.

화자는 이 시들을 통해 흘러가고, 멈춰 서고, 굳어버린 각기 다른 방식으로 상실을 이야기하고 있으며, 그 상실이 결국 침묵으로 이어지는 깊은 슬픔과 그리움의 다른 이름임을 보여주고 있음을 알 수 있다.

3. 삶과 소멸의 시

다음으로 우리의 일상에서 소중하게 다루어졌던 존재들의 삶과 소멸이라는 공통된 주제를 다루고 있는 두 편의 시를 보도록 하자.
먼저 안락의자 전문을 감상해 보자.

때 묻은 솔기
나달나달한 채
관절이 틀어지고
다리가 부러진 몰골로

아파트 후미진 구석에
나앉은 모습이
영락없이 고려장한
할망구다

제 삶의 무게에
털썩 주저앉은 세월

과거를 회상하는 것은
버려진 자의 꿈인가

벚꽃 쏟아져 내리는
벤치에 홀로 앉아
꿈을 꾸듯 졸고 있는
왜소한 할머니

할머니는
누구의 안락의자였을까

어디선가
노랑나비 한 마리 날아와
할머니가 이고 있는
하얀 화관에
살며시 입 맞춘다

－〈안락의자〉 전문

 '안락의자'와 '겨울 무' 두 편의 시는 쓸쓸하게 버려진 존재들의 삶과 소멸이라는 공통된 주제를 다루고 있기에 함께 감상하고자 한다. 두 편의 시는 모두 한때는 제 역할을 다했지만, 이제는 낡고 버려져 존재의 가치를 잃어가는 대상들을 통해 삶의 유한함과 소외감을 깊이 있게 그려내고 있다는 점에서 그렇다는 말이다.
 〈안락의자〉는 낡고 부서진 안락의자를 고려장한 할머니에 빗대어 과거의 영광과 현재의 초라함을 대비시킨다. "제 삶의 무게에/털썩 주저앉은 세월"(3연) 이라는 표현은 안락의자가 수많은 사람의 무게를 지탱하며 오랜 시간을 보냈음을 의인화하여 암시하며, 이제는 버려져 "과거를 회상하는 것"(4연) 조차 허락되지 않은 존재가 되었음을 보여준다. 또한 이를 통해 단순히 낡은 가구가 버려진 것이 아니라, 한 사람의 삶이 끝나고 소외되는 비극적인 상황으로 확장 시키는 높은 상상력을 발휘하고 있다. "할머니는/누구의 안락의자였을까"(6연) 라는 질문은 우리 인간 존재의 가치와 관계에 대한 깊은 사유를 유도하여 깊은 감동을 자아내고 있다.

"때 묻은 솔기"(1연 1행) "관절이 틀어지고/ 다리가 부러진 몰골"(1연 3, 4행)이라는 현재의 모습과, "누구의 안락의자였을까"(6연) 라는 질문이 내포하는 과거의 편안하고 따뜻했던 이미지가 대조를 이루고 있다. "벚꽃 쏟아져 내리는 벤치"(5연 1행)의 아름다운 풍경 속에 홀로 앉은 "왜소한 할머니"(5연 4행)의 모습 또한 대비를 통해 쓸쓸함을 강조하는 세월의 흔적을 보여주고 있다. 시의 마지막 부분에서 노랑나비가 날아와 할머니에게 입 맞추는 모습은, 버려진 존재에 대한 따뜻한 위로이자, 소멸을 앞둔 존재의 마지막 아름다움을 표현하는 것처럼 느껴진다.

다음으로 〈겨울 무〉를 보도록 하자.

한 때는
밭이랑을 흔들던
출렁이는 푸름

무성하던 잎사귀는 가고
이제는 낯선 베란다 구석
머리 잘린 채
웅크리고 있다

퍼렇게 멍든 알몸
그 위에
독처럼 돋아난
노란 싹 하나

상사병을 앓는다
바람이 들었다는
소문이 한바탕 돌고
그는
무심히 잊혔다

그 겨울
아무도 눈치채지 못했다

쪼글쪼글
메마른 몸피로
시름시름 앓다
조용히
그가 사라져가는 것을

〈겨울 무〉전문

〈겨울 무〉 또한 한때는 "밭이랑을 흔들던 출렁이는 푸름'이라는 과거의 건강하고 생기 넘치는 모습과, 싱싱한 무가 이제는 '머리 잘린 채 웅크리고' 있는 '쪼글쪼글 메마른 몸피'라는 현재의 모습이 극명하게 대비됩니다. 이러한 대비는 무의 소멸이 더욱 안타깝게 느껴지도록 만들 뿐 아니라 초라한 모습으로 변해가는 세월에 대한 화자의 사유를 안타깝게 그려내고 있다. 또한 '퍼렇게 멍든 알몸'과 '독처럼 돋아난 노란 싹'은 무가 생명을 잃어가는 과정을 상징적으로 보여주고 있다. 여기서 주목할 점은 무가 '상사병을 앓는다'는 의인화된 표현인데, 이는 버려진 존재가 겪는 내면의 고통과 상실감을 보여주는 동시에, 아무도 그 고통을 '눈치채지 못했다'는 표현을 통해 사회로부터 소외된 존재의 비극적인 현실을 고발하고 있는 것으로 보인다.

이처럼 두 시는 한때는 삶의 중심이었지만 이제는 잊힌 존재의 쓸쓸하고 허망한 모습을 통해, 삶의 순환과 소멸, 그리고 버려진 존재에 대한 사회의 무관심을 이야기하고자 함일 것이다. '안락의자'나 '겨울 무' 모두, 한때는 누군가에게 소중했거나 생명력이 넘쳤던 존재였지만, 시간이 흐르고 쓸모를 잃자 결국 버려지고 잊히는 비극적인 운명을 맞이하게 된다는 것, 이는 결국 우리가 모두 겪을 수 있는 보편적인 삶의 이면을 보여주며 깊은 울림을 남기는 수작으로 보인다.

4. 나가면서

한경 시인의 시작 태도를 보면 지금까지 다룬 다섯 편의 시에서 겨울이라는 계절적 배경을 통해 상실의 감정을 극대화하며, 침묵 속에서 홀로 아픔을 감내하는 존재들의 모습을 다각적으로 보여주고 있다. 얼어붙은 강물처럼 말을 잃고, 진눈깨비처럼 모호하게 멀어진 관계 속에서, 안락의자나 겨울 무처럼 소외된 존재들이 세상의 시선 밖에서 조용히 사라져가는 비극적 현실을 담담하게 그려내고 있으며, 이렇게 잊힌 채 소멸해가는 삶의 풍경은 서로 유기적으로 엮여 독자에게 깊은 울림을 선사

하고 있다. 이는 한경 작가의 숙성된 사유에서 나온 현실적 체험이기도 하다. 따라서 이 시들은 상실의 아픔을 외면하지 않고, 그 고통을 감싸며 묵묵히 버텨내는 모든 존재에게 바치는 진심 어린 기록이라 할 것이다.

  결론적으로 다섯 편의 시는 상실, 침묵, 그리고 겨울의 쓸쓸한 정서라는 세 가지 핵심 키워드를 중심으로 유기적인 연결고리를 형성하고 있다. 각각의 시는 고유한 서사를 지니고 있지만, 결국은 사라진 것들에 대한 아픔과 그 아픔을 소리 내지 못하는 존재들의 내면 풍경을 그려낸다는 점이다. 이것은 하나의 큰 그림을 완성하는 한경 작가가 가지고 있는 든든한 시작의 힘이라 본다. 마치 한 권의 앨범 속 사진처럼, 각기 다른 상실의 순간을 포착하여 슬픔의 다층적 의미를 조명하는 일을, 앞으로도 훌륭한 기록으로 남겨지기를 기대해 본다.

초판 인쇄일 2025년 10월 15일
초판 발행일 2025년 10월 15일
지은이 한　경
발행인 박근정
발행처 심　상

06788 서울특별시 서초구 양재동 353-4 청암빌딩 2F
TEL. 02-3462-0290
FAX. 02-3462-0293
출판등록 제라-1696

값 15,000원
ⓒ 한　경
ISBN 979-11-85659-57-2